EL CORAZÓN DE LA MENTE

Itziar Ruda

EL CORAZÓN DE LA MENTE

Primera edición: mayo de 2024

ISBN: 978-84-10253-58-2
ISBN digital: 978-84-10253-59-9
Depósito legal: M-12028-2024

Editorial Adarve
C/ Luis Vives 9
28002 Madrid
editorial@editorial-adarve.com
www.editorial-adarve.com

Impreso en España

La felicidad no brota de la razón,
sino de la imaginación.
KANT

LUNA ETERNA

Comprendí que ante mis ojos
eras la Luna
resplandeciente de ayer,
de hoy y de mañana

Daba igual la estación del año,
te miraba con los mismos ojos
llenos de la luz de aquella Luna
tan lejana pero tan cercana a mi corazón.

BUSCANDO UN NOSOTROS

Me siento vacía y no me encuentro.
Me siento llena y no te encuentro.

Como el agua y el aceite.

Si te encuentro no lo hago conmigo.
Si me encuentro no lo hago contigo.

Pues dime el precio de mi muerte si ya no podré estar contigo.

Te busco porque te quiero.
Me busco porque te quiero.

Me pregunto por qué tú no me buscas.

NAVEGANDO EN LA SOLEDAD

Vacío el barco navegando
solitario sin rumbo alguno.

Flotando contra corriente
noche tras noche pensando
si acaso moviéndose está
o si simplemente,
el azul del océano
parece no terminar.

Tiburones acechando…

Perdido
va poco a poco
desgastando su madera
que destrozada estará
y su nula historia seguirá.

MIRADAS QUE JUZGAN

Ojos,
ojos por todas partes,
arriba, abajo y a los lados.

Tiemblo,
tiemblo pero todos los ojos
se mueven a la vez que mis huesos.

Ayuda,
ayuda es lo que le pido a la nada
porque no quiero ser juzgada.

TU RECUERDO

Tengo una foto tuya
en mi pared blanquecina
y no te voy a mentir,
hago todo lo posible para destruirla.

Aunque después
me miro los nudillos
y veo que están ensangrentados,
pero tú me dejaste peor.

Me duele la mano
y me arde el corazón.

Dura decisión
es pasar ese dolor a mi cuerpo
y aunque no lo creas
me relaja pero
¿qué acabo de hacer?

Acabo de dejar
un recuerdo de ti en mi cuerpo,
y te odiaré siempre por eso.

Fue tu culpa
y la mía.

RENACIMIENTO ABSURDO

Y volví a ser una rosa.

Pero cada vez
que me miraba
en ese estúpido espejo
me faltaban pétalos.

«No volverán a crecer»
me repetía sin parar,
impidiéndome
ser feliz.

Me negaba a seguir
con el proceso
de sanación
y no era consciente.

Pues negando
la felicidad
nadie
puede ser feliz.

MOTIVOS COTIDIANOS DE AMOR

¿Por qué te quiero tanto, me preguntas?

Porque al observar las estrellas
deseo hacerlo contigo,
y sabes que lo hago siempre que lo recuerdo.

Porque al observar la Luna
pienso en ti,
y saber que vivo enamorada de ella.

Porque al escuchar ciertas canciones
me acuerdo de ti,
y sabes que soy melómana.

Porque al escribir poesía
tú eres mi inspiración,
y sabes que es mi afición más personal.

LABERINTO INTERNO

Cientos de veces
me levanto de la cama
y parece encadenarme.

Cientos de veces
deseo que no hubiese pasado
y volver a dormir.

Cientos de veces
me miro en el espejo
y no consigo verme.

Cientos de veces
quiero destrozar ese espejo
y no volver a verme jamás.

Cientos de veces
me pregunto si esto
podrá acabar algún día.

Cientos de veces
aspiro a un futuro
donde no soy nadie especial.

LA PENUMBRA DEL NOSOTROS

Como una rosa marchitando,
nuestra amistad
ya degollando
se encontraba atardeciendo.

El Sol parecía Luna,
no queríamos ver las estrellas
porque el Sol brillaba más que ellas.

Nuestras sombras,
escondidas
de la luz y su fulgor,
¿cuándo saldrá al fin nuestro Sol?

Nos encontrábamos,
perdidos
en la oscuridad por siempre
ardiendo sin refugio alguno.

EL ÚLTIMO ADIÓS DEL AMOR

Volvemos a vernos
pero me sigues enamorando con tu mirada.

Volvemos a vernos
pero sé que ya no estamos juntos.

Volvemos a vernos
pero esta vez me miras con las pupilas achicadas.

Vuelvo a verte
pero me abrazas solo en mi mente.

Vuelvo a verte
pero sé que no volverás a mirarme de aquella forma.

Vuelvo a verte
pero quizás sea la última vez que me enamores.

TU PRESENCIA NO SE APAGA, Y NO ME QUEJO

Mi cuaderno me recuerda a ti
porque estás escrito en cada página.

Mi boca no para de hablar de ti
porque nunca se cansa de tu ser.

Mi mente me hace verte cada día
porque en ella vives a mi parecer.

Mi teclado se sabe de memoria tu nombre
porque planeado no tengo quitarte de ahí.

Y por si no te has dado cuenta aún, te quiero.

¿CÓMO ENAMORARTE?

Te amo,
¿me amas?
Amo amarte.
Si mi amor no basta para enamorarte
entonces dime, mi amor,
cómo puedo hacer que me ames
tanto como yo te amo.

AUNQUE TE QUIERA

Te quiero y lo seguiré haciendo
pero aquí te dejo y sigo con mi camino.

Te sigo y lo seguiré haciendo
pero daño me haces y quererme quiero.

Te quiero y lo seguiré haciendo
pero canciones te cantaba y el sordo te hacías.

ATRAPADA EN TU AMOR

Te recuerdo y me rompo,
te recuerdo y pienso que fui culpable,
te recuerdo, ¿por qué diablos mi memoria te sigue perteneciendo?

No quiero recordarte,
pues me llevará a esos momentos
en los que era un gato en una jaula sin llave alguna.

Te quiero, ¿por qué después de aquello te sigo queriendo?
Me pregunté cada segundo de mi vida
hasta que hallé la respuesta.

Y aunque lo niegue,
me hiciste sentir amada,
aunque fuera una confusa mentira
dicha por esa mirada petrificada.

¿POR QUÉ?

Dime,
dime por qué, si me quieren, no lo hago yo.

Dime qué tanta bondad hay en cuyas personas
que cambian la mentalidad a mejor,
de una persona a quien no le agrada como es,
y dime qué tanta maldad hay
en las que arruinan la vida de otra
con innecesarios comentarios.

Dime por qué a veces
cuando uno tiene a alguien
se siente solo.

Dime por qué somos tan crueles
y arruinamos hasta el sitio donde estamos.

Dime cuánto trabajo deben tener
las personas que no tienen a nadie para apoyarlas,
para seguir en su día a día.

Dime por qué las personas con buen corazón
acaban sin él.

Dime dónde está el agradecimiento
a las personas que salvan vidas
y se conservan en un total silencio.

TÚ, TÚ Y TÚ

Únicamente piensas en ti,
ojalá pensaras en mí,
y ojalá pensaras en los demás.

Pero estás tan hundido en el egoísmo
que ni siquiera razonas.

Cansada estoy
de que no cambies
a día de hoy,
pero me temo
que nada puedo hacer
si tú no quieres intentarlo.

Y sé que lo que te diga nada te importa,
pero guarda esto para tenerlo en cuenta.

MI ESTRELLA FAVORITA

Entre todas las estrellas del cielo,
eres la que más amo sin dudarlo.

Porque mirarte
es completamente diferente
que mirar
las demás estrellas del frente.

No sé por qué motivo
siempre me pasa contigo.

Es como un mundo
en el que sueño despierta.

Es como una droga
a la que soy adicta.

Y espero que pueda pasar
las siete vidas que tiene un gato contigo.

Porque sí, te quiero.
Porque sí, te amo.

Y quién podría saber
si mi Luna serás en un futuro
en el que nuestro amor
no esté prohibido,
y ni tú ni yo
nos podamos amar
sin problema alguno.

QUERIDO ABUELO

¿Estoy junto a ti?
Voy hacia ti,
quiero sentir tu cálida piel
rodeándome una vez más
y así segura quedarme.

¿Estás junto a mí?
Voy hacia ti,
te abrazo otra vez pero no te siento
y quiero no solo recordarte
pues te irás con el viento.

¿Estamos juntos?
Ven hacia mí,
cógeme de la mano
mientras andamos
aunque solo sea en mi imaginación.

¿Estamos separados?
Ven hacia mí,
aunque solo sea a través de mis sueños
y abrázame hasta que sienta
cada latido de tu corazón.

UNA NOCHE CONTIGO

Aquella noche,
mi cuerpo temblaba
y el miedo me comía
porque tendría tu compañía.

Aquella noche,
mis ojos podían observar
la bella Luna y su brillar
en tus perlas y su mirar
que siempre me van a apasionar.

Aquella noche,
mi cuerpo rodeó al tuyo
y un leve suspiro me susurró
que a mi lado
todo iba a estar bien.

Aquella noche,
mi sonrisa se agrandaba
y pronto notaría
que si contigo estaba
nada más importaría.

Aquella noche,
mis pupilas me recordaban cómo serenar
y el paso del tiempo apenas notar,
pues tú puedes hacerme brillar
y mi felicidad lograr.

OCÉANO VACÍO

La soledad me está abrazando
y por alguna razón
que me suelte no quiero.

Creo que me gusta
nadar en el océano de la nada
sabiendo el peligro.

La compañía que me hace
aun no siendo comparada con la tuya
me complace.

Creo saber controlar
mis pensamientos
que quizás ya no pueden volar.

NO TE MEREZCO

Aunque me digas mil veces
que me quieres,
pienso que te mereces algo
mucho mejor que mi amor.

Y es que me haces sentir
tan viva
que ni siquiera yo
sé cómo lo haces.

Supongo
que diciéndome cosas bonitas,
siendo como eres,
o cualquier detalle tuyo.

Porque lo tuyo es tan tuyo
que cada palabra que me dices
hace que se me erice la piel.

ESTACIÓN DEL MIEDO

Tengo miedo de no ser suficiente para ti.

Tengo miedo de que me vayas a reemplazar.

Tengo miedo de no dejar mis miedos atrás.

Y perdóname
pero aún no soy capaz
de bajarme en esta parada,
ni en la siguiente.

JARDÍN DEL AMOR

Hoy he puesto otra flor
en mi espejo con fulgor
para simplemente recordarme
que así merezco tratarme.

Para recordarme que
cada vez que otra flor marchite
o cada vez que las agujas del reloj parezcan no avanzar,
siempre puedo reparar
los pedacitos del espejo roto.

Incluso volver a preguntarle
quién es la más hermosa
y que me responda
que a sus ojos siempre seré yo.

Enamorarme de mi reflejo una vez más
y volver a empezar
ese ciclo vicioso
hasta ser feliz
y comer perdiz.

AMOR SIN RANGO

Qué más yo quisiera
que ver tu hermosa sonrisa.

Y es que nunca sabré explicarte
como quisiera sentirte en mis brazos.

Quiero cada día estar junto a ti
para quererte así.

Y es que no sabría explicarte cuanto te quiero
porque superas en ese sentido cualquier rango.

DEJEMOS QUERERNOS

Deja a mi mirada patinar sobre tu rostro,
deja a mi cuerpo acercarse poco a poco al tuyo,
deja a mis labios juntarse con los tuyos,
deja a mis pupilas dilatarse con las maravillas de tu mundo.

Te dejo decir que no todo va a salir bien,
te dejo susurrarme al oído que me quieres,
te dejo que recorras con tu mirada cada poro de mi semblante,
te dejo que me mires de la misma manera en la que te miro.

HASTA EL ÚLTIMO ALIENTO

Siento que mi corazón cada vez está bajando más sus palpitaciones,
que mi rostro cada vez está más consumido por mis ojeras,
que mi fuerza cada vez está más perdida en la nada,
que mi cama cada vez es más irresistible,
que mis huesos cada vez están más presentes.

Siento que estoy desfalleciendo poco a poco,
pero está bien
porque si me pasara algo
sabrías que te he querido hasta la muerte.

RECORDATORIO SUTIL

Quizás no sea la mejor manera
pero es un recordatorio de que te quiero a mi vera.

Y muy bien no sé cómo decirte
que quisiera eternamente abrazarte.

No miento si digo que suelo pensar en ti
y que te quiero junto a mí.

Sé que sabes que te quiero
pero nunca está de más decirlo.

Es por eso que te digo que siempre serás tú
porque contigo ningún tema es tabú.

AMOR IRREMPLAZABLE

Nos miramos
y no hace falta gastar un mínimo aliento
para saber que nos queremos.

Nos miramos
y no hace falta vernos en un espejo
para saber el tamaño de nuestras pupilas.

Nos miramos
y no hace falta repetirlo
para saber que es irremplazable.

EN ESTA VIDA TAN ESCASA

Te amo como los poetas
amamos la Luna,
te amo como a una noche
repleta de estrellas y constelaciones.

Para qué decirte
que te amo como un Universo entero
si mi amor por ti es mucho más finito.

Tan finito que tan solo llega
a la distancia de mi muerte
pues ahí no te podré amar más.

Al menos en esta vida.

DESEARTE

Quiero estar en tus brazos
pero no puedo
ya sea por el tiempo,
la distancia,
o cualquier otra circunstancia.

De todas maneras
ven y junta tus labios con los míos,
rodea mi cintura y acerca mi cuerpo al tuyo,
pues ambos sabemos que nos deseamos.

MIENTRAS CAIGA EL SOL

De mi cabeza no sales
desde que te abrí la puerta
la tarde con el atardecer más bonito,
porque estaba junto a ti doy por hecho.

Joder,
dime todo lo que quieres hacer conmigo,
cada cosa con cada detalle,
especifica cada lugar en el que me besarás
y que partes de mi cuerpo tocarás.

Cántame *La flaca* una vez más
y a tus pies me tendrás.

SIN TI

Desde tu ida
nada es igual.

Porque el día que dejamos de hablar
siempre lo voy a recordar
pese al tiempo que pueda pasar.

Desde tu ida
todo es distinto.

Porque creo que me he olvidado
de la melodía de tu voz
aunque no lo quiera admitir.

Desde tu ida
nada es igual.

Porque a veces me paro a pensar
que quizás tú me puedes pensar
tanto como yo te puedo recordar.

Desde tu ida
todo es distinto.

Porque me arrastré tanto por ti
que me arrepiento no sabes cuanto
y a veces quisiera no haberte conocido.

LA DESPEDIDA DEL ADIÓS

Aunque ya no hablamos
sigo teniéndote en mi mente
tan estúpida por no olvidarte
y tan caprichosa por querer volver a tenerte.

Aunque ya no hablamos
sigo sin saber por qué te quedaste
si supuestamente te querías ir
y no volver a hablarme.

Aunque ya no hablamos
sigo teniendo sed de tu risa
sin entender por qué sucedió todo aquello
y entendiendo que éramos dos adolescentes aún escasos de vida.

Aunque ya no hablamos
sigo teniendo una parte de mí que te quiere
a pesar de todo lo que me hiciste
y de todo lo que te hice.

Aunque ya no hablamos
sigo recordando tus abrazos
como un lugar para calmarme
y otras veces para apuñalarme.

Aunque ya no hablamos
sigo pensando en qué habría pasado
si no hubiéramos sido unos niñatos
y quién me habría enseñado todo aquello.

DUDAS HUECAS

Si te lo hubiera dicho,
¿te hubieras quedado?
Estoy aburrida de tanto pensar
en si aquella persona me quiso
o si fuiste tú la que lo hizo
cuando no había nadie más a mi lado.

Estábamos solos,
¿lo recuerdas?
No creo que lo recuerdes
porque estabas tan hundido
que cuando tocabas mi mano o mi corazón
me provocabas un hueco hondo.

El hueco,
¿realmente lo hiciste tú?
Quizás fuimos ambos
pues dos no pelean si uno no quiere
y dos no se hacen daño si uno no quiere,
hablando específicamente de esto, claro.

Claro era el Sol,
¿lo encendiste tú?
Te tuve demasiado idealizado
como para apartarme de ti
una vez me hiciste daño
y es que nos aferramos a lo que nos hace daño.

¿DE QUÉ GUISA?

Estoy confusa
escucho que me dices cosas bonitas
y entonces yo sonrío sin tener pensado parar.

En cambio
escucho que me dices cosas de otro tipo
y entonces yo pienso que me quieres solo en cierto aspecto.

Otras veces
escucho que no me dices cosas
y entonces yo pienso que no sé qué pensar.

Si me quieres dímelo
aunque lo sepa,
pero aclárame de que forma
porque si te veo
y me lanzo a tus brazos sin pensarlo
quisiera saber si me devolverás el abrazo,
si me besarás,
o yo qué sé,
no sé qué más pensar de ti,
aclárate.

DE LUTO

Hoy tengo un funeral
pero solo iré por respeto.

Esa persona me clavó las siete espadas
y las giró en mi corazón
hasta no poder sangrar más.

Quizás tenía un motivo,
para tan semejante asesinato
pero en realidad no fue así,
¿o me equivoco?

No recuerdo la cantidad de veces
que le dije que no pagara su pasado conmigo,
que tenía que curarse primero
y no clavarme a mí sus traumas.

Ahora llevo en mi corazón
todas las espadas que me clavó,
y hasta que me cure
no podré despedirme de él.

A TI, MI AMADO

Tu olor me ha hechizado
y quisiera estar a tu lado.

Me gusta cómo sonríes y cómo ríes,
cómo desprendes tanta luz
con tan solo soltar un mínimo aliento
y tu manera de pensar
tan peculiar.

Pues, querido,
yo no escribo poemas para que la gente los lea,
escribo poemas para expresar
lo que siento por ti
y para expresar
lo que se me pasa
por los mil mundos que hay en mi cabeza.

Y créeme que no sé qué va a pasar a continuación,
pero créeme que abiertos tengo los brazos
para aquello que se aproxima.

Pues querido,
mientras sea contigo
todo lo bueno llegará
y lo malo desvanecerá.

NUESTRO LIBRO

Diría que la paloma se desplomó
en su viaje hacia los cristales de tu ventana.

Diría que Cupido no supo cómo organizar
todas las papeletas que tenía nuestro noble amor.

Diría que el Universo quiso
que nuestro amor no tuviera un capítulo más.

Diría que nuestro hilo rojo se cortó
en medio de alguna de las calles en las que estuvimos.

Diría que el amor que nos dimos no fue suficiente
para satisfacer todos los caprichos que tuvimos.

Diría que nunca te amé,
pero sé que no es verdad.

Diría que nunca me amaste,
pero sé que no es verdad.

Diría que nos amamos tanto como la cantidad de olas en el océano,
pero simplemente no estábamos destinados a ser.

TUS OJOS OTOÑALES

Tus ojos marrones
tan dulces como unas castañas en invierno.

Tus ojos marrones
que me clavan una mirada furtiva.

Tus ojos marrones
que me recuerdan al otoño por las noches.

Tus ojos marrones
que quiero tanto que hasta los sueño.

Tus ojos marrones
son tan jóvenes y tan puros.

Tus ojos marrones
quizás mis favoritos o quizás los que anhelo.

Tus ojos marrones
me piden que caiga en tus brazos.

Tus ojos marrones
parecen querer que no me estacione en el olvido.

EL DÉBIL AMAR

Dame fuerza, mi amor,
porque no puedo aguantar una palabra más salir de tu boca sin besarte.

Besarte debe ser algo parecido
a nutrir tanto mi corazón como mi cuerpo.

Acaricia mi rostro y mi cuerpo,
pues te amo a más no poder.

No puedo amarte más
y creo que podría demostrártelo más.

Pues es más fácil decirlo que demostrarlo
aun sabiendo que cuando de verdad se ama se ve.

CAJETILLA DE AMOR

Nuestro amor se está consumiendo
como un cigarrillo encendido.

Aunque quieras negarlo
no hay otro final para nosotros.

Aunque quiera negarlo
hay un principio para una nueva etapa.

Aunque queramos negarlo
nuestro amor ha adelantado la fecha de su muerte.

EL CUENTO DE LA VIDA

Príncipes y princesas
con sus cuentos de rosas
enseñándonos mal desde la infancia
cuando éramos unos canijos llenos de prudencia
y nos influenciábamos hasta de las motas de polvo.

Ser felices y comer perdices
en un final donde todos somos felices,
observamos el volar de las aves
sin saber ni de la vida ni de sus claves
y no desbloqueamos el sufrir.

Realmente éramos mariposas
viendo lo bueno sin las sorpresas
que nos da la vida con su advertencia
de que vamos tanto a reír como a llorar con frecuencia
y es tan importante como las señales de la carretera.

A pesar de todas las veces
en las que la vida nos hace estupideces,
las que resultan ser para nada suaves
pero te hacen aprender que sirves
y no solo para ser fuerte si no para aprender a vivir.

TU GUITARRA

Toca tu guitarra
hasta que te duelan las yemas de los dedos,
hasta que las agujas del reloj
den tantas vueltas que perdamos la cuenta.

Siente la vibración de tu guitarra
al acariciarla,
¿la notas?
Siente la melodía que proviene de ella.

No me interesaba en especial
la melodía de la guitarra, pero,
desde que te oí tocarla,
no puedo sacármela de la cabeza.

Tú y tu guitarra
unidos hasta el fallecimiento.

Hagamos una cosa,
yo cerraré los ojos y tú tocarás la guitarra
y así podré recordaros cuando no estéis.

SIN MI PRESENCIA

Visita mi tumba
cuando ya no esté viva
y dime
cuántos pensamientos
fueron sepultados conmigo
cuando podrían haber sido revolucionarios.

Visita mi tumba
cuando ya no esté viva
y dime cuántas personas
me querían de verdad
y cuántas por lo que les interesaba.

SABER AMAR

Aclaremos esto de una vez,
no me digas que me quieres
si así me vas a tratar.
Porque eso no es amor, mi amor.

Amar es sentir y demostrar,
ver tus ojos y que las pupilas se acrecienten.
Eso sí es amor, mi amor.

Mira a dónde nos está llevando
nuestro fugaz amor
y piensa si realmente
merece la pena actuar de esa manera.

Cuando lo hayas pensado
dime tu conclusión
para hacer una limpieza
de tu amor en mi corazón.

VETE

Quisiera ver al mundo
entre enormes llamas rojizas
cuando noto tu presencia
y oigo tus notables pisadas.

Quisiera ver al mundo
lleno de gente bondadosa
cuando noto en mis oídos
tu risa desquiciada.

Quisiera ver al mundo
perdido entre mil Universos
cuando noto mi cabeza rebotar
al sentirte cerca.

Quisiera ver al mundo
renacer de sus cenizas
cuando tú ya no estés
y yo calmada esté.

DEJAMOS LOS SENTIMIENTOS POR ALGUNA BOBADA

Mi abuela tejía
una bufanda amarilla
con escasa lana.

Tan escasa era la lana
que no terminó nunca
de tejer aquella bufanda.

Mi abuela veía
todas las tardes su novela
y algún anuncio saltaba.

Tantos anuncios saltaban
que dejó de ver su novela
y no ha vuelto a verla.

Mi abuela espiaba
cada cotilleo de la zona
porque era curiosa.

Tan curiosa era ella
que se enteró de alguna cosa
que le dejó sin ganas de saber nada.

CUCÚ, TÁS TÁS

La felicidad
es un tren pasajero,
una parada en un viaje,
un fragmento en una vida.

La tristeza
misma historia, me temo,
que las demás emociones
que tenemos en la vida.

No intentemos ahogar
nuestros sentimientos
para esconderlos
o incluso matarlos.

ARRÁNCAME LA PIEL

Descascárame
para ver mi interior,
todas mis emociones,
toda mi historia,
todos mis males
y todo mi ser.

Descascárame
como a una naranja
y observa uno a uno
todos mis gajos
unidos por mi alma,
unidos por mi ser.

CAMBIEMOS EL RELOJ

Escapemos de aquí,recorramos lugares
en los que en ningún momento no se nos habría ocurrido estar.

No volvamos jamás, pintemos hasta intoxicarnos
como Van Gogh con el amarillo y observemos cada óleo
de cada museo al que vayamos.

Dos amantes del arte
y dos amantes de la música.
¿Qué más se puede pedir?

LOS PECES DEL LAGO

¿Pasaría algo
si te digo que si te veo
todos mis males
caen repentinamente
ante ti?

Creo que les asustas
debido al destello
de tu alma
que no paras de desprender.

Mis males
se tiran de cabeza
por la cascada
del no saber
para llegar
al lago
de la pureza.

Desaparecen
convirtiéndose en calma y paz
en vez de ser
preocupación y terror.

LIBÉRAME

Abrázame
tan fuerte como puedas.

Insértame
tu puño en el pecho.

Mírame
con tus ojos oscuros.

Repíteme
los pecados que quieres que te haga.

Quiéreme
como nunca antes.

REBAÑO

En realidad
ser la oveja negra
de un entorno
no es en absoluto
algo malo.

Las cosas comunes
son comunes
porque hay muchas iguales.

Las cosas únicas
son únicas
porque no hay
ninguna igual.

Todos somos diferentes,
siendo parecidos o no
cada uno
tiene un alma
irremplazable.

UNA ÚLTIMA VEZ

«No voy a hablar contigo,
me da vergüenza».
«No voy a hacer eso,
qué vergüenza».
«Ni se te ocurra hacer eso,
¿qué van a pensar?».

Si fuera tu última noche,
¿bailarías en plena calle?,
¿aceptarías esos planes tan disparatados?,
¿harías esas cosas que no haces?

A veces
nos preocupamos demasiado
por lo que piensen de nosotros.
Pero en realidad
tú eres el personaje principal de tu vida,
al igual que todos los demás.

Dejemos de pensar tanto
en la opinión de los demás
y hagamos más,
bailemos más,
aceptemos más,
vivamos más.

ABUELO, ABUELITO

Desde que tu «soy»
se ha convertido en «era»
casi nada es igual.

Tengo nuevos amigos
que me quieren como es debido.

Tengo arrepentimiento
recorriendo mi sangre
por no pasar más tiempo contigo.

Tengo el camino hacia mis objetivos
más aplanado que nunca antes
y sigo quitando piedras y poniendo flores.

Tengo la sensación de respirar nostalgia
cada vez que piso la entrada de tu casa.

Tengo una nueva mentalidad
totalmente distinta.

Tengo el placer de vivir
y quererlo.

Tengo una nueva vida
sin ti.

TORTUGAS DESORIENTADAS

Cuidamos nuestro caparazón
para que nos veamos preciosos
y deberíamos aprender a cuidar
de la misma manera nuestro interior.

Si somos fuertes por fuera
y débiles por dentro,
¿de qué nos sirve?

Las personas que nos interesan
son aquellas que encajan con nosotros,
de forma que nos interesa
que conozcan nuestro interior,
porque, que conozcan todo de la parte externa
y nada de la interna,
¿no resulta absurdo?

PARTÍCULAS DE AMOR

Ni en un millón de folios
cabrían todas las veces
que me has hecho sentir algo
que solo tú puedes hacerme sentir.

La verdad es que perdí la cuenta
de todas esas veces
hace mucho tiempo,
creo que cuando te empecé a querer tanto
como mi mente me lo permitía.

En todos esos folios
la tinta ocuparía
cada pequeño lugar
de vacío
convirtiéndolos en pequeños lugares
de amor.

RESERVA

Ayer te abracé por primera vez
y fue tan bonito
que sigo pensando en aquello.

Te regalé un detalle
y tú a mí una sonrisa
que hizo que mi corazón
estallara por completo.

Tan bonito como una amapola
en mitad de un paisaje gris.

Ayer te iba a besar por primera vez
y sucedió en tantos mundos
que en este no,
aunque ambos quisiéramos.

La próxima vez que nos encontremos
estoy segura de que sucederá,
y, por si no sucede,
déjame decirte
que creo que estoy enamorada de ti.

Dile a todos los demás
que hay una reserva
en cada parte de mis labios
exclusivamente para ti.

INEVITABLE AMAR

Me resulta inevitable
mirarte sin pensar
que me estoy enamorando de ti,
pensarlo me resulta extraño,
al igual que no verte tanto.

No estamos lejos
ni tampoco cerca,
yo únicamente sé
que me tienes loquita
estemos a la distancia que estemos
y amándonos cuanto nos dure el amor.

Eres tan tú
que no tengo palabras
para describir lo que siento,
pues es tan grandioso
que ni los más locos,
ni siquiera los muertos,
podrían entender
esto que siento.

Cada amor es distinto,
cada persona es distinta,
cada forma de amar es distinta,
cada forma de actuar es distinta.

NUESTRA RECETA

Nos conocimos
y tuvimos varias cosas que nos gustaron.

Tiempo después
fuimos formando una pequeña masa
cada vez más moldeable y poderosa,
incluso llegamos a ponerle unos deliciosos detalles.

El día en el que nos arriesgamos
a poner la masa en el horno
para que se hiciera firme y sabrosa
fue un día especial.

De todo eso
sacamos unas preciosas galletas
hechas con amor,
el ingrediente más importante
que se le puede poner
a cualquier plato.

QUÉDATE

Agárrate a mí
porque si no
te irás volando
junto al viento
y te convertirás
en simples partículas
que recordaré
por tiempo limitado.

Y es que no quiero
que agarres el brazo
de alguien más
y sueltes el brazo
que estás agarrando
y que te está acompañando.

Te lo imploro,
no me dejes aquí
solitaria en un mundo
lleno de gente miserable
con peculiares excepciones.

No me sueltes jamás
porque solo podré continuar

mi vida sin ti
una vez caduque
la fecha de mi muerte.

LA MUERTE NOS MIRA BONITO

Tiempo después de aquello
superé todas las heridas que me hiciste.

Aquellos días
en los que estuvimos unidos
fueron constantes heridas abiertas
que de sangrar no paraban
y nosotros como dos ciegos
sin saber el motivo de ellas.

Una simple mesa parezco
por todas las cicatrices que tengo,
por lo que a día de hoy me recuerda
que soy una persona enormemente fuerte mentalmente,
y es que no podía salir de aquel pozo,
no podía defenderme de tus balas transparentes
que ni siquiera veía venir
por su gran velocidad,
esas que al disparar solo generan ruido
y luego te das cuenta de que te han atravesado el corazón.

Pero ¿por qué tuvimos que pasar por todo aquello?
Solo éramos dos pequeñas personas
sin nada que ofrecer a la muerte,
que tanto nos enamoraba.

CAJA DE BOMBONES

Hagamos de cada mirada
un recuerdo para el resto
de nuestras vidas
poniéndolas en un pequeño
y diminuto cajón.

Cuando se haya llenado de miradas
hagamos un cajón más capaz
de guardar todas esas miradas
y llenemos el resto del interior
con nuestro amor
hasta que repitamos
la misma jugada
y terminemos con cientos de cajones.

Pero todos esos recipientes de amor,
nuestro amor,
que solamente sean nuestros
y tan especiales como hermosos.

ENLAZADOS

Si todo sale bien
seremos dos personas
compartiendo sus corazones
entre ellas
mientras sus mismos corazones
se entrelazan como dos manos
y se mezclan sus huellas dactilares.

Enlacemos nuestros corazones
como nuestras manos
y sintamos cada parte nuestra
mientras nos sintamos
en el gris de tu sillón
llenándolo de color
y terminemos bailando
en tu salón
llenándolo de notas musicales.

TÚ Y YO

Si te escribo
¿me hablas o me respondes?
Si te digo que te amo
¿me amas de vuelta o me dices que es un cuento?

No creo que todo esto
esté siendo una historia de fantasía
porque sé que hay química
entre nosotros.

Nosotros,
un concepto extraño
inventado hace quién sabe cuánto
y usado en tantos idiomas.

Nosotros,
una palabra con tantos significados que dar
desde extraños hasta enamorados
y desde pequeños hasta moribundos.

MOVIMIENTO EFÍMERO

A veces confundo
el tiempo que paso contigo
con cualquier palmera
de esos paseos en la playa
a tu lado.

Pues el viento
mueve las hojas de las palmeras
hacia todos los sentidos,
y es confuso porque
el movimiento de las hojas
es tan raudo
que parecen las agujas
de un reloj
que pasa el tiempo
sin límite alguno.

Las agujas rotan tan velozmente
que si las intento parar
con cualquier artimaña,
me termino pinchando
y según la manera en que lo intente
la herida me resultará
profunda o superficial.

¿CUÁL ES MI ASIENTO?

Tu aroma es tan agradable
como el de una vela
de frutos del bosque
con un tono rojizo,
como el de nuestro amor.

Si te acercas a mí
me siento en un espectáculo
de magia e ilusión
donde me olvido de todo lo demás
y me centro en el momento.

Me gusta tu lunar,
ese que tienes bajo la mejilla izquierda
y me resulta tan gracioso.

Pero si me sueltas y te alejas
me siento en un sitio diminuto
en el que parece que padezco
una terrible claustrofobia.

No me gusta que me gustes tanto,
ese sentimiento de que si te vas
me hundo por unos segundos.

Tu voz es tan inefable
como una dulce melodía

de una canción
con una letra sobre un amor
como el nuestro.

PRESOS DEL TIEMPO

No podemos estar juntos
ni tampoco separados,
simplemente somos
dos amantes presos
del tiempo,
que corre como un correcaminos.

Corre tan alegre
que aire desprende siempre
por el camino que recorre,
haciendo un desmadre
para formar una deliciosa galleta de jengibre
y dejarnos a nosotros en una cumbre
situada en un lugar campestre
donde únicamente hay un bagre.

No encuentro una consistencia
en este diamante de la joyería
que vendía amor y me dijo que ya lo comprendería,
entonces lo compré por cortesía
y ahora no sé qué haría
si a mi lado no te tendría.

Creo que me ha afectado tanto como un mildiu
porque si intento deshacerme de él con ímpetu
se me hace más hermoso, como si mirara un pututu,
pero con el tiempo, solo lo veo como un pedazo de tofu.

IZQUIERDA O DERECHA

De alguna manera
te tengo que confesar
que no estamos destinados a ser
y ni siquiera a juntos estar
y sucede que tenemos
diferentes objetivos
y diferentes caminos
para llegar a ellos,
es por eso
que te confieso
que necesito dejarte ir
para cumplir mi misión,
pero de todas maneras no pasa nada
si no volvemos a vernos
pues lo hago en mi recuerdo
y ahí créeme
que serás inmortal.

COLUMPIO ABANDONADO

Levantarme ya no es divertido
desde que de mi vida te has ido
porque ya no me despierto
con un «te quiero tanto».

Tanto yo te quería
que de mi vida no sé qué sería
si hubiera besado tu boca
y no hubiera sido una simple fiaca.

A mi parecer eras loable
pero mis fuerzas estaban en despueble
habitando en el pueblo de mi mente
donde tú eras el pastor mayormente.

El necesario vigor me dabas
y tanto era, que de él te colgabas
como un niño entusiasmado
en su columpio más amado.

CONTANDO LETRAS

Un te quiero sincero
es lo que te puedo decir
para demostrarte
que los dos nos queremos.

Pero hace tres días
que de ti no sé nada
y hoy será la cuarta noche
en la que dormiré esperando tu llegada.

Con cada uno de mis cinco sentidos
te puedo decir que te quiero con locura
pero con certeza te digo
que tienes seis días para volver conmigo.

Y cuando llegue el séptimo día
y tú no hayas llegado por la puerta diáfana
respiraré ocho veces para no frustrarme
antes de remodelar por completo nuestro piso.

Después de nueve días
ya habré superado cada tubería rota
y dejaré de decirles a mis amigos
que contigo me lo paso de diez.

EDIFICIO INESTABLE

Volaría tanto como una avioneta
para tan solo verte sonreír de nuevo,
que mis ojos exploten al ver tu hermosura
como dos inmensas burbujas flotando por lo más alto.

Cuando baje del cielo ya no seré una mocita
y posiblemente ya no te encuentre como un rojo vivo,
como una dulzura llena de locura
a la que aferrarme si me quedo sin aliento.

Lo más seguro es que cometa
el error de clavar otro clavo,
provocando así la estabilidad de nuestra estructura
y no viendo el cartel que debería guiarnos por el momento.

OLVIDARTE

Qué feo es olvidar un recuerdo
de alguien más que conocido
con el que sabes que has estado
en el momento apropiado
y queriéndole demasiado,
hasta el punto de que por un malentendido
de tu vida haya desaparecido.

Todos los gritos
que me quitaron el apetito
una vez más me repito,
porque otra vez me pregunto
si acaso no te tenía contento
o si quizás conmigo no eras honesto,
pero desde tu ida ya se han resuelto.

CORAZÓN DE POETA

Con una pluma
escribo todo lo que a mi mente le abruma y todo lo que le toca el alma.

Tendemos a expresar
que nuestro corazón se dispone a pensar
cuando la realidad es que es nuestro cerebro es quien nos hace recapacitar
sobre todas las decisiones que nos pueden matar
por eso no tiene sentido alguno,
porque nuestra mente nos dicta uno a uno
los pensamientos de nuestra alma
mientras que eso que dicen es solo una sofisma,
ya que nuestros corazones
no están hechos para darnos razones,
sino para bombear sangre en nuestro cuerpo
y que no nos quedemos como un feo harapo.

Un enorme sentimiento
hace que me quede sin aliento
en el muro más alto
y después de pararme a respirar
me pongo a pensar
cuánto puede llegar a durar esta coyuntura
que me resulta tan aisladora
por el simple motivo
que de pensar tanto se me hace adictivo.

Con una cinta
hago que la pluma no se quede suelta
y hago una atadura bonita.

De la misma manera
en la que guardamos la madera
que nos sirve para hacer una hoguera
guardo la pluma en una cajita
y la dejo en la entrada de mi casita
para que los vecinos puedan tener la oportunidad
de pararse a observar la beldad
de la persona que la utilizó en alguna ocasión
y así puedan dar la valoración
que nunca quisieron atreverse a dar
por si al menos en el silencio les puedo agradar
o por si al menos se dan cuenta de que con ellos quizás no iba
a discordar.

Pero ellos fueron unos ignorantes
y no supieron valorar los diamantes
que tuvieron ante sus sórdidas lentes
que apenas les dejaban comprobar
lo irreal que era el estibar
sus absurdas opiniones
tanto en unas cuantas canciones
como en unos cuantos poemas de mil amores
y mil sufrimientos terminados en lucres.

CANGREJO TRAICIONERO

¿Cómo se atreve
un caballero como tú
a jurar una mentira
y a romper una promesa?

Te miraré y me mirarás
y aun estando cara a cara
sé que no desviarás tu mirada
y harás como un cangrejo,
mirándome como esos ojos traicioneros
y disimulando tus acciones
andando hacia el lado contrario.

Atrévete a decirme
que me quieres después de aquello
porque te prometo
que no lo volverás a hacer.

Pequeño cangrejo traicionero,
qué es lo que pasará
por tu mente, tan cruda
para romper lo irrompible.

Pagarás el precio
de tus terribles decisiones
más adelante en tu vida
y serás tú
el que mis carcajadas escucharás,
y serás tú
el que el karma sufrirás.

Tarde o temprano
te darás cuenta de aquellos días
tan extensos de sufrimiento
y te arrepentirás
porque sabrás
que podríamos haberlo arreglado.

¿A DÓNDE VAMOS?

No creo que termine importando
si no acabamos en el mismo lado
del camino de la vida,
que nos guía por si nos entra alguna duda
y en realidad es mejor de esta manera,
porque así me sorprenderé si termino a tu vera
en el final del camino
que hace ver la vida como un antiguo pergamino.

Que cansa mis pies cada vez que subo una cuesta,
debido a que me doy la vuelta
y veo mi pasado constante
acechando a mi sombra,
para caer en la penumbra
del fondo de la oscuridad
y no volver a ver la felicidad.

Pero yo me contengo,
hago como un mago
y le despisto como un confuso truco
el cual a veces ni yo deduzco,
porque me resulta tan complejo
como nadar para un conejo.

Me escapo de su vista
haciendo de su mirada un malabarista

y sigo avanzando por mi camino
buscando un feliz destino
sea o no a tu vera
serás la persona que más quiera
el día de mi muerte,
si puedo verte
deseo que veas mi espíritu
y vernos ambos con gran ímpetu,
pero en el caso de que no suceda
y yo verte no pueda
o tú verme no puedas,
te recordaré como la más bella de las cascadas.

LÁPIZ Y GOMA

Pasa la noche
y me toca pasar una página más
de mi libro,
el cual yo mismo escribo.

Pasarán los años
y me tocará juntar lo más que pueda las tapas
de mi libro
el cual ha merecido la pena escribir.

Pero ¿y si me quedo
sin tinta con la que seguir escribiendo
en el papel rugoso
que, al pasar, no hace apenas sonido?

Pero ¿y si cuando lo haga
se convierte en ruido con el que mis manos
en mis oídos
que tanto me gustan, no puedan escapar?

TU RECUERDO ME AHORCA

Me dueles
cuando escucho tu nombre,
me dueles
cuando veo a alguien que se parece a ti,
me dueles
cuando vuelves a mis pensamientos,
me dueles
cuando voy por un sitio en el que caminamos.

Me dueles,
y realmente no sé por qué,
solo espero
que la próxima vez
que vaya al restaurante
que está al girar
la esquina de mi casa
no se me salten las lágrimas
por recordar
cuando nos abrazamos por última vez.

Me dueles
y realmente no sé por qué,
simplemente tenemos

un pasado que compartimos
y un futuro que no veíamos.

Me dueles,
pero solo a ratos,
no me dueles
si estoy triste,
no me dueles
si estoy feliz,
no me dueles
en general,
me dueles
cuando te recuerdo
o quizás
me duele
tu recuerdo.

EN TAZA Y CON AZÚCAR

Cuando juntas tu mano con la mía
se me hace la misma sensación
que cuando dos trenes colapsan,
porque me da tanta adrenalina
como un café hasta arriba de cafeína.

Cuando las hojas de los árboles se mueven
se me hace la misma sensación
que cuando siento tu respiración en el ritmo de la mía,
porque me da tanta dulzura
como un café hasta arriba de azúcar.

Cuando miro tus especiales ojos
se me hace la misma sensación
que cuando pienso en las miles de galaxias,
porque me da tanta curiosidad
como un café sin amargura.

Cuando pruebo varios cafés
se me hace la misma sensación
que cuando dudo que ropa ponerme para ir a verte,
porque me da tanta confusión
como no saber elegir de qué manera demostrarte mi amor hoy.

SIGAMOS CAMINANDO

Quédate conmigo
hasta que las arrugas de mi piel
se puedan notar
sin exprimir mi rostro
para hacer un zumo de emociones.

Un zumo
con un sabor dulzón
parecido al de fresa
por su pasión y color rojo.

Quédate conmigo
hasta que las pilas de mi reloj
se cansen de funcionar
sin poder fusionarse con la electricidad
para recuperar sus fuerzas.

Unas fuerzas
con una firmeza grande
parecidas a las de un gigante
por su tamaño y rapidez.

Quédate conmigo
hasta que los bastones de alguna tienda
se agoten en todas sus variaciones
sin más clientes que yo
para obtener ahí el equilibrio.

El equilibrio
con un pedazo de madera
parecido a un caramelo de navidad
por su forma y deseo de ancianos y niños.

ME HAGO MAYOR

Las cosas que me gustaban
ahora ya no me interesan de la misma forma
y es extraño pensar
que han pasado tantos años en tan poco tiempo.

Pensar que he cambiado físicamente,
que mi cuerpo es distinto,
que a veces descubro lunares
que no sabía que existían.

Pensar que he cambiado mentalmente,
que mi inteligencia se eleva cada día,
que a veces me doy la enhorabuena
por ser quien soy.

Mi pasado
es quien me ha hecho ser la persona que soy ahora,
tanto las cosas buenas como las malas.

Y pensar que tantas son las situaciones
que me han pasado
que a veces me paro a pensar
y me da una vergüenza terrible,
u otras que me dan tanta felicidad
por las acciones que he tomado
que hacen que me quiera tal y como soy.

Pasan los años,
mi grupo social cambia,
mi mentalidad cambia,
mi físico cambia,
yo cambio.

Me encanta cambiar
porque es la respuesta
que obtengo del «no voy a cambiar nunca»
que me decía cuando estaba mal
y no paraba de negarme
un futuro próximo
al mañana.

Soy feliz,
camino feliz
y me abro a cualquier oportunidad
que la vida quiera darme
aunque yo no lo pase bien por unos instantes,
porque hay cosas que no sabía,
que no sé y que no sabré
hasta que me caiga con alguna piedra
y me vuelva a levantar una vez más
sabiendo que puedo con lo que me proponga.

No me avergüenzo de quien soy,
y mucho menos de quien seré,
y aun habiendo cosas que seguirán idénticas,
habrá otras que cambiarán
para mejor, espero,

pero si no, no pasa nada,
porque todo se puede mejorar.

Porque ser raro es maravilloso,
porque la mayoría de la gente
escucha música con el cuerpo
y no con el corazón.

ENTRADA Y SALIDA

Hace un tiempo
adquirí una puerta
con un color único
que llamaba la atención.

Pero actualmente,
unos días atrás,
rompí una parte crucial
para su funcionamiento,
sí,
rompí el picaporte.

El picaporte
que es esencial
para que la puerta
pueda moverse
en varias direcciones.

Sin él
nada es igual,
la puerta
no se puede mover
si no adquiero uno nuevo,
porque su funcionamiento ya no existe
y no se puede reparar.

Y es un tanto extraño
el sentimiento
de no poder reparar
algo que parecía
no tener demasiada importancia
a simple vista,
pero que tras su pérdida,
resulta que era esencial.

CARRERA DE INFELICIDAD

Todas las lágrimas
que recorrían
las imperfecciones
de mis mentiras,
resultaron incapaces
de saber por qué motivo
se deslizaban,
si mis lisas mentiras
estaban cubiertas
por una rugosa piel
repleta de granos saltones
que no les dejaban pasar.

Algunas lágrimas
no sabían
que atravesaban
esa tan rugosa capa,
porque venían
de tan grandes sentimientos
que no eran capaces
de darse cuenta
de que no solo
recorrían mis mentiras,
sino también las tuyas.

Esas lágrimas
recorrían mis mentiras

y las tuyas,
nos recorrían
a ti
y a mí.

SUJÉTAME

Cuando
me apetece
desertar
la ciudad
pienso en ti
y,
ese tarareo
en mi mente
desaparece
dejando
su rastro
únicamente
en mi memoria.

Tú
me haces
sentir amada,
valorada,
como si
todo
lo malo
desapareciera
a tu paso.

APUNTA Y… ¡DISPARA!

Realmente
solo me estabas confundiendo
y una diana me siento
cuando pienso en ti.

Cuando lanzaste
la flecha definitiva
no me diste en el corazón
sino en la mente.

Fue ahí
cuando me di cuenta,
me querías,
pero no me amabas.

Y a veces
me sigo preguntando
por qué razón
me dijiste te amo.

¿Me amas?
No me amas,
no lo demuestras

con palabras,
ni con hechos,
ni con nada.

¿A DÓNDE SE HA IDO EL AMOR?

Una curva línea
en completa soledad
es una simple
y perfecta representación
de los mil amores actuales.

¿Dónde hemos dejado
las pinceladas detalladas
que nos hacen tener
un amarillo cálido
en un día azul grisáceo?

Siguen siendo bonitos,
no lo niego,
pero no son lo mismo,
al menos, no lo parecen.

Pensar que antes
la comunicación
era tan escasa
que cuando dos amados
se veían casualmente
por una común rúa
era el momento más alegre.

Y ahora
no somos capaces

si quiera de cruzar
ambas miradas
e intercambiar
unas pocas palabras.

CARTAS AL VACÍO

He vuelto
a escribirle
una carta
a la soledad.

Le he hecho saber
una vez más
que me gusta su compañía
con cada gota de tinta
absorbida por el papel
casi de museo
por su antigüedad.

Que me encanta
la forma en la que me mira
y me hipnotiza
con esos ojos
grisáceos y transparentes
al mismo tiempo.

Que me entusiasma
cuando me dice
que todo va a estar bien

temiendo yo
que una lágrima
vaya a resbalarse
y de ahí a caerse
sobre mis poros.

Que me sigue enamorando
después de tanto tiempo
a su lado,
agarrándome de la mano
mientras siento
unas coloridas mariposas
en mi cuerpo,
y me hace ver
que el gris
no solo hace al negro,
sino también al blanco.

Me gusta estar sola,
sentir mis propios latidos,
escuchar mis propios pensamientos,
tener una cita conmigo misma de vez en cuando
y comprarme una flor que me saque una sonrisa.

Me gusta enamorarme,
me gusta enamorarme de mí,
me gusta enamorarme de la Luna,
me gusta enamorarme de la soledad.

REENCARNACIÓN

Me gustaría
tenerte
en esta vida,
porque no sé
si esta
es la primera
o la última.

Me gustaría
ante la duda
declararte
mis pensamientos
para que me respondas
un me quedo sincero
o un saludo desconocido.

Conociendo esto
dime tu respuesta cuando te plazca
pero sabiendo
que la espero
con total ansia,
ansia de tenerte
y ansia de dejarte marchar.

TIC TAC

El tiempo,
ese que
no deja de avanzar
suceda lo que suceda.

El que
me intriga
sobre lo que va a pasar
ahora que estoy contigo
y ahora que él se ha ido.

Quien
permite
que crezcamos
como unos árboles
que brotan de sus raíces
y terminan siendo únicos
sean del tipo que sean
y envejezcan
hasta que la muerte
les dé la mano,
y aparenta enamorarles tanto
que terminan
quedándose a su lado
hasta la eternidad,
o quién sabe cuánto.

Él
controla
las agujas de los relojes
a pesar de que pensemos
que nosotros los controlamos
por poder manipularlos.

EN OCASIONES ES MEJOR EL SILENCIO

Si digo
todo lo que pienso,
no estaré expresando
todo lo que siento
debido a que
hay personas
que parecen notar
cuando miento.

Y si cuento
cada uno
de mis secretos internos
lloraré al terminar
el cuento
de las maravillas de Alicia
y su falsa fantasía,
que nos termina enseñando
alguna lección de vida
y que hasta a los niños persuade
cruzando los dedos
por la espalda
mientras promete felicidad
hasta a los ingratos.

¿Y SI LAS HADAS EXISTIERAN?

A veces
me gusta fantasear
sobre qué pasaría
si los cuentos de hadas
fueran reales.

Quizás
si todo eso
fuera posible,
estaría en tus brazos
y tú estarías viendo
cómo poco a poco
se me cierran los ojos.

Quizás
de esa forma
habríamos descubierto
un color que nos defina,
para no quedarnos
en que simplemente
somos algo.

Quizás
en ese cuento de hadas
lo seríamos todo,
sin tantas dudas
ni tronos de la realeza.

Quizás
allí
sí que tuvimos el valor
de aclararnos
y poner un final feliz
a nuestro cuento,
un final feliz
juntos.

TENERNOS

Me gusta que estés conmigo
en cada noche de llanto
cuando me cuesta respirar
porque mis emociones
se apoderan de mí
y no yo de ellas.

Es un privilegio tenerte
aunque tú digas
que el privilegio es tenerme,
por eso, tengámonos ambos,
yo me tengo a mí y te tengo a ti
y tú te tienes a ti y me tienes a mí.

Mí con tilde
porque tenerse a uno mismo
siempre es más importante,
porque es un rasgo característico el quererse,
porque cuando te quieres a ti,
el mundo te parece más rosado.

Ti sin tilde
porque en cualquier momento
te puedo perder,
y aunque algo dentro de mí cambie
y pase de un «ti» a un «sin ti»,

el «ti» siempre va a estar por ahí
perdido en algún rincón de mi mente.

LÁGRIMAS NEGRAS

Si el corazón
me tocas
con mala intención,
es probable
que te llore
algunas gotas
de tinta.

Pues los poetas
lloramos tinta
en vez de lágrimas,
porque convertimos
nuestros internos
ángeles y demonios
en poemas.

Nos dicen
que contemos hasta diez,
y en el siete
ya ha pasado
algo que va a perdurar
en nuestras memorias
y lo sellamos
en letras con la tinta
de nuestro interior.

EXPRESIONES

Rimo amor
en cada beso,
cuento mi humor
en cada verso,
y aun así
mi interior
es mucho más extenso.

Cada expresión
que sale de mi boca
e incluso de mis abrazos,
llantos, risas y recaídas.

Cada vez
que te demuestro cómo me siento,
me siento libre y esclavizada
al mismo tiempo.

Soy libre,
puedo contarte lo que desee,
pero también soy esclava,
soy esclava de esos pensamientos
aterradores y a la vez tan bonitos
que dan ganas de abrazarles
y no soltarles jamás,
de eso
todos somos esclavos en algún momento.

¿A QUÉ LLAMAMOS AMOR?

¿Te gustaría
mirar las estrellas conmigo?
Es realmente una propuesta
para admirarte y besarte,
porque es cierto eso que dicen
de que los ojos besan mucho antes que la boca.

Nuestros ojos
tienen una conexión
que nos deja atontados
cada vez que nos miramos.

A eso
se le llama amor,
a eso y a otras muchas cosas,
pero tú y yo
lo tenemos,
eso es lo que importa,
que tú me ames
tanto como yo te amo a ti.

No hace falta
tener a dos personas
para llamarlo amor,
no hace falta
que sea «perfecto».

Hace falta
que sea una montaña rusa de emociones,
hace falta
que sea limitado.

El amor
es difícil de descifrar,
como un candado sin llave
o como una puerta sin cerradura.

Te amo a ti,
a la música,
a la naturaleza,
a muchas otras cosas,
a algunas personas,
e incluso al océano.

Incluso porque
el océano es un misterio,
y los misterios
son atractivos,
incluso porque
el océano
es aterrador
y magnífico
al mismo tiempo.

MÍRAME

Sentir tu mirada
en mi cuerpo
es la sensación
más placentera
que pueda existir.

Tu mirada,
esa que orbita
sin parar
por mis pestañas,
mi pelo,
mi ojos,
mi cintura.

Simplemente tu mirada,
solo la tuya,
es única,
es capaz
de hacerme sentir
en un lugar seguro
con tan solo
dirigirse hacia mis ojos
y que lo negro de sus pupilas
baile tanto
que se termine agrandando.

ME GUSTAS

Me gustas,
con una «m» de
me encantas,
con una «e» de
estoy para ti,
con un espacio que
simula cuando no estamos juntos,
con una «g» de
gastaría todo mi tiempo contigo,
con una «u» de
unidos somos como una explosión,
con una «s» de
siento mariposas en el estómago,
con una «t» de
te amo más que nunca,
con una «a» de
arrópame con tus brazos,
y con otra «s» de
seguiré amándote aunque se acaben las letras.

ALGUIEN MÁS

No te toco
una canción
porque música
no soy.

Podría dibujarte,
pero saldrías de mi casa
llorando de tantas carcajadas.

En cambio
te escribo,
y te escribo porque es
una de mis formas
de abrirme al mundo.

Y aunque algún día
llegues a conocer
a alguien que te escriba
de mi misma manera,
no serán mis versos
quienes te extrañen,
todo lo contrario,
estarán felices mis poemas
de que hayas encontrado
a alguien más
que te quiera
con absoluta sinceridad.

ARAÑAS E INSECTOS

Me partió saberlo,
me destrozó darme cuenta
de que era verdad.

Que tú solo eras un cazador
en busca de algunas presas,
y tan ingenua es la mente menor,
que me hizo creer que me querías
de esa forma,
de verdad.

Y no niego
que me quieras,
solo que no te entiendo,
¿cómo puedes decir «te amo»
si en verdad no lo sientes?

Por suerte,
antes de que la flecha
aterrizara sobre mi corazón,
me di cuenta de que el aire
me estaba alertando
de que una flecha
me estaba amenazando,
y escapé
de tus caprichos.

Sabes cómo es mi exterior,
ahora dime
cómo es mi interior,
¿qué sabes de mí?

Ni siquiera sabes
cuál es mi color favorito,
mi lugar tranquilo,
o mi forma de tratar
a las personas que quiero.

No me enamoré
de un cazador,
idealicé a alguien
que no sabe estar solo.

MARIPOSAS

Qué mejor forma de terminar
que contigo.

Bailando hasta que termine la canción,
abrazándonos hasta que termine la noche,
enamorándonos hasta los huesos.

Aquí estamos,
dos enamorados
con ganas de un amor de bolero
sencillo y sereno
que llega al corazón
con la primera nota.

Podemos iluminar
un amor ciego.

Con cada pequeña acción,
con cada desabroche,
con cada uno de nuestros besos.

Nosotros vamos,
solo nosotros
con nuestro par de ojos soñadores
y un destino pionero,
que ojalá
que sea ameno.

Este libro se terminó
de imprimir
en España
en mayo de 2024

Made in the USA
Monee, IL
11 September 2026

62770627R00080